대한독립의 아버지

서재필

도서출판 진흥

서동성 감수
권오성 글.그림

머리말

명석한 두뇌와 진취적인 기상을 가진 송재 서재필은 18세(1882년)에 과거에 장원급제를 하고 20세에 병조참판(현재의 국방부차관)을 지냈으며 21세에 미국에 건너가 고생하면서도 공부하여 한국 최초로 의사가 된 입지적인 인물이다.

그는 사대주의를 배격하고 조국의 독립을 위해 모든 것을 바쳐 헌신한 진정한 애국자이며 교육을 통해 백성을 깨우치고 최초로 한글 신문을 발간하여 한글교육문화를 이끈 교육자이며 선구자였다.

남들보다 뛰어나고 공로가 컸지만 국민의 화합과 국가의 발전을 위해 대통령후보까지 제자에게 양보하는 등 나라를 걱정하는 애국자였다. 나라의 일을 위해서 자신이나 가족의 일에는 무자비할 정도로 관심을 갖지 않았던 대범한 송재 서재필의 정신을 추모하며 기리고 모든 사람이 쉽게 이해하도록 그의 생애를 만화로 엮었다.

서툰 글을 다듬어 주신 도서출판 진흥의 직원들과 기쁘게 감수해 주신 서재필 박사의 종손이신 서동성 변호사께 깊이 감사드린다.

2005년 8월
권오성

감수의 말

텔레비전이 우리 일상생활에 큰 부분을 차지하면서 글로 된 인쇄물을 읽음으로 지식과 정보를 얻는 소위 linear culture 시대는 오래 전에 지나갔고 대신 글, 그림, 소리 등을 복합적으로 사용하는 audio visual 매개체가 보다 더 효과적인 전달 수단으로 사용된 지 오래 되었습니다. 요즈음은 특히 정보를 전달하는 과정에 쓰이는 코드가 아날로그가 아닌 디지털로 바꾸어지는 시대에 우리는 살고 있습니다. 그래서 어떤 학자는 지금 이 시대를 3D 시대, 즉 Digital, DNA 그리고 Design 시대라고 하던가요.

우리나라가 배출한 걸출한 선각자의 한 분인 서재필 박사의 일대기가 가장 이해하기 쉽게, 재미있게, 선명하게 독창성 있는 만화가의 손을 빌려 "대한독립의 아버지 서재필"로 세상에 나오게 되었습니다. 근대사를 연구하는 적은 수의 역사학자들 외에는 크고 많은 일을 하신 서 박사의 생애가 의도적으로 또는 무관심 속에 오랫동안 묻혀있던 것이 출판물을 통해 일반 대중에 알려지는 적절한 수단이 될 것입니다.

필자에게는 종중조부가 되시는 서재필 박사는 갑신정변의 실패로 역적으로 몰려 3 대가 멸하는 멸문지화를 당하게 되었기 때문에 그 분에 관하여는 집안의 금기사항이었습니다. 때문에 저는 그 분에 대하여 전혀 모르고 자랐습니다. 해방이 되어서야 비로소 서 박사님이 집안의 어른이라는 것을 알게 되었고 성인이 되어 미국으로 유학 온 후, 다른 사람들의 글을 통해 조상 중에 그런 분이 계셨다는 것을 배우게 되었습니다. 그래서 먼저 후손인 저부터 이 만화책을 편하게 읽으면서 서 박사님과 그 분의 생애를 다시 한 번 음미, 조명해보며 미국에서 자라고 있는 2 세 조카들에게 그 분을 소개 하는 좋은 자료로 올 크리스마스에는 이 책 한권씩을 선물로 줄 생각입니다.

그리고 미주에서 자라나는 2 세, 3 세의 Korean-American 들에게도 우리가 role model 로 여길 수 있는 사람들이 마이클 잭슨이나 마돈나가 아니라 우리에게도 세종대왕 같은 성군도 계시고 이순신 장군 같은 세계적인 명장도 계시고 서 박사님 같은 선각자도 계시다는 것을 알리기 위하여 영문으로 번역하여 한글학교 같은 기관을 통하여 널리 배포되기를 기대합니다.

이 일을 기획하신 권영섭 한국 만화가협회 전 회장님(현 자문위원), 한 컷 한 컷을 정성을 다해 현대 감각에 맞게 그린 만화가 권오성 작가, 출판을 맡으신 잔흥문화사 회장 박경진 장로님께 몇 안 되는 후손을 대표하여 감사의 뜻을 표합니다.

2005 년 8 월 15 일 (광복 60주년)
LA, 서동성 변호사

차 례

1. 어린 시절 …………………… 6p
2. 청년 시절 …………………… 11p
3. 갑신정변 …………………… 21p
4. 망명의 길 …………………… 31p
5. 미국 생활 …………………… 38p
6. 귀국 길 …………………… 89p
7. 조국을 위해 …………………… 98p
8. 망명 아닌 망명 …………………… 127p
9. 다시 조국으로 …………………… 138p

대한독립의 아버지

서재필

서동성 감수
권오성 글.그림

1. 어린 시절

전라남도 보성군 문덕면 용암리, 보성강을 끼고 만월봉과 옥녀봉을 안고 있는 가내마을

1864년 1월 7일, 이조참판을 지낸 이유원의 아들 이기대의 집 초당에서 이기대의 외손자가 태어났다.

으앙!
으앙!

또 아들을 보셨구만요.

이 아기가 서광언 진사의 둘째아들 서재필이다.

외갓집에서 자란 서재필은
또래의 다른 아이들보다 먼저
천자문과 동문선습을 뗄 정도로
무척 영리했다.

"뭘 그리 보느냐?"

호기심이 강했던 서재필은
어느 날, 나무 아래에서
쉬고 있던 원님에게 다가가
이런 저런 질문을 하여
원님을 당황하게도 하였다.

"허허, 고놈 참..."

그런 서재필이 기특하였던지
원님이 노래를 시키자
서재필은 원님에게
부채를 달라하며 서슴지 않고
노래를 하였다.

둘째아들로 태어난
서재필은
아들이 없었던
칠촌 아저씨인
서광하 댁에
양자로 보내지게
되었다.

서재필은 칠촌 아저씨 댁이 있는
대덕군까지 갔지만
오래 있을 수 없었다.

그것은
총명하고 영리했던 서재필을
양어머니가 서울 외삼촌 댁에
보내려고 했기 때문이다.

2. 청년 시절

젊은 서재필은 서광범을 통해 자신의 사상과 인생길에 있어 스승이 될 개화당의 지도자인 김옥균을 만났다.

잘 부탁하네, 아우님.

아, 예. 저, 저야말로...

김옥균은 자신보다 13살 어린 서재필을 동생처럼 대했고 서재필 또한 존경과 흠모의 대상으로 김옥균을 따랐다.

서재필은 봉원사의 중인 이동인이 일본에서 가져온 많은 서적들을 읽고 더욱 뚜렷한 사상을 가지고 개화파에 가담하게 되었다.

1882년 7월 23일, 조정이 부패하여 국가의 기강이 무너진 가운데 13개월 동안 밀린 급료로 겨와 모래가 섞인 쌀을 지급 받았던 훈련도감의 군졸들이 반란을 일으켰다.(임오군란)

대원군은 반란의 정당성을 인정하고 심복들을 가담시키므로 반란 세력은 더욱 커져서 진압할 수 없게 되었고

위기를 느낀 고종은 민씨 척족의 숙적인 대원군에게 다시 정권을 넘겼다.

8월 17일, 청나라에서는 국왕을 보호하고 반란을 진압한다는 핑계로 3천 명의 군사를 보냈다.

8월 26일, 대원군을 체포하여 중국땅으로 끌고 갔고 대원군을 따르던 사람들과 반란에 가담한 병졸들을 체포하였다.

김옥균은 청나라 군사들이 조선왕조의 주권을 무시하고 대원군을 납치해 갔다는 소식을 듣고 격분하였다.

1883년 5월,
19세의 서재필은
다른 청년 16명을 데리고
나라의 힘을 키워
자주권을 되찾기 위해
일본으로 갔다.

1854년에 개국한 일본은 일찍이
서양문명을 도입하여 1872년에는
현대적인 우편과 철도를 개통했고
전신 전보를 사용하는 등
사회가 급속도로 변화하고 있었다.

일본에 도착한 서재필은
독립의 필요성을 강조한
『학문의 권장』이란 책을 읽고
독립의 중요성에 대해
확고한 신념을 갖게 되었다.

음, 독립이라…

혈기왕성한 서재필은 토야마 사관학교에서 훈련을 받게 되었다.

어느 날, 서재필이 교관의 구령대로 움직이지 못하고 있을 때

이봐, 거기 조선인!

시킨 대로 안 움직이고 뭘 하고 있는거냐?!

나는 준비 중이었소.

그러나 임오군란 이후 1500명의 군사를 조선에 주둔시키고 있었던 청나라가 사관학교의 설립을 반대하였고

중전인 민비와 그 일당들도 반대하여 사관학교의 설립은 무산되고 말았다.

실망한 서재필은 깊은 낙담에 빠졌지만 달리 어떻게 해볼 도리가 없었다.

민비의 일당 중에 대표적인 인물은 민비의 조카인 민영익으로 23세가 되던 1883년에 조선사람으로는 최초로 사절단을 이끌고 태평양을 건너 미국에 다녀왔다.

민영익은 처음엔 개화당을 지지하였으나 귀국 후부터는 개화와 독립에 대한 의욕을 버리고 개화당을 떠났다.

그뿐 아니라 청나라 이홍장과 원세개의 손발 노릇을 하였고 군대의 지휘권을 잡게 되자 서재필과 일본에서 돌아온 사관생도들을 쫓아냈다.

3. 갑신정변

민영익이 개화당을 처치하려는 것을 알게 된 김옥균과 박영효는 위기를 느끼고 서재필과 같이 대책을 논의하였다.

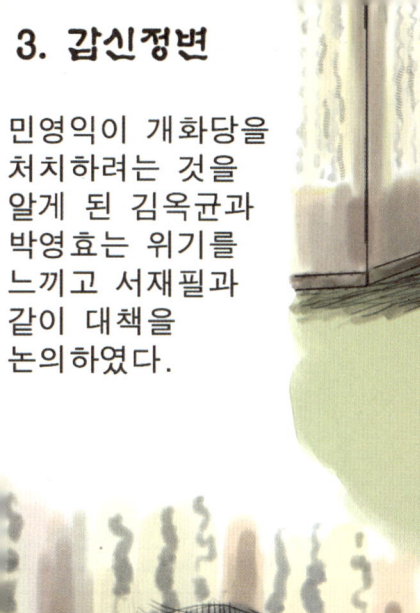

내시였던 유재현이 우리 개화당을 떠나 수구당에 붙었네. 그리곤 우리를 호시탐탐 노리고 있지.

이대로 앉아 당할 수만은 없어!

예, 맞습니다. 자주 독립 국가를 이루기 위해서라도 우리가 먼저 손을 씁시다.

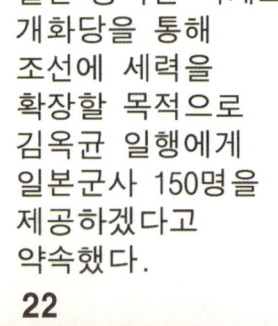

서재필과 사관생도들은
행동대로 나서서
수구파를 몰아내고
정권을 잡았는데
이것이 갑신정변이다.

행동대를 이끈 서재필은
공로로 병조참판,
즉 지금의 국방부차관과
같은 벼슬을 받았다.

그러나 준비가 엉성했던
개화당은 지지세력을
얻지 못했고
관리와 백성들까지
반대편에 섰다.

개화당이 정권을 잡은 지
3일 후,
청나라 군사들이
궁궐로 몰려왔다.

무기고에 넣어두었던
소총을 사용해 놈들을 막아라!

예!
참판어른.

뭐야, 이거

이것도
못 쓰겠구먼.

엇!

수개월 전에
미국에서 수입하여
무기고에 넣어둔
소총들은 관리를
잘못하여 녹이 슬어
사용할 수 없었다.

사흘 동안 정권을 잡았던 개화당의 삼일천하가 끝나자 가담자는 대역죄인으로 몰려 쫓기는 신세가 되었다.

약 200여 명이 목숨을 잃고 개화당이 벌인 갑신정변은 완전히 실패로 끝나고 말았다.

김옥균과 서재필 일행은 일본으로 도망치기 위해 제물포로 가서 우편선인 치토세마루에 올랐으나 위험은 사라지지 않았다.

"지금 내려가면 저들은 우리를 죽일 것이오."

"나와는 상관 없는 일이잖소."

"이것 보시오. 백인 양반!"

이때, 치토세마루의 선장이 묄렌도르프를 향해 소리쳤다.

"난 이 배의 선장이오. 그런데 당신이 찾는 그 김 머시기란 사람은 여기 없소이다."

"뭐, 뭣이?"

4. 망명의 길

1884년 12월 13일, 일본 나가사키에 도착한 서재필과 김옥균 일행은 기차를 타고 동경으로 갔다.

다케조 공사, 우리의 숙소는 어디요?

숙소?

아직 준비가 안 됐으니 마음대로 가시오. 그럼, 이만…

아, 아니. 저기…

참아, 참아. 내 저놈을 그냥…

형님, 이젠 어쩌죠?
여긴 아무런 연고도 없는데…

음, 이거 난처하군.

급하게 오느라 제대로 챙긴 것도 없는데 말이…

으으으 형님, 내 성질 알죠?

알지, 알아

안된 일이지만 수구파는 이미 우리 가족들을 처형했을 거야. 그리고 우리를 죽이려 일본으로 자객을 보내겠지. 앞으로 어떡하면 좋겠는가?

우선 머리를 자르고 양복을 사서 입도록 하죠.

음, 그 수밖에 없군. 그리고 지낼 곳도 찾아보세나.

머릴 잘라?

일본 사람들은
서재필과 김옥균 일행을
귀찮게 여기며 냉대하였다.

충분한 여비도 없이
망명을 온 일행들은
허름한 방을 얻어
지내게 되었다.

이부자리는 낡아
이와 벼룩이 득실거렸고

끼니도 못 때워
하루 이틀
굶는 것은
예삿일이었다.

이보게, 아우님들!

서재필은 자신이
역적으로 몰렸기에
삼족몰살을 당할 것을
예상했지만
소식을 듣게 되자
몸이 얼어붙어
눈물까지 나오지
않았다.

잠시 혼자 있게 두게.

예.

서재필은
나라와 겨레를
위해 일했건만
역적으로 몰아
가족들을 죽인
조선이 싫었고
잊고 싶었다.

이런 곳에
더 이상
있을 수 없어!

그리고
약속을 지키지 않아
일을 망치고
자신들을 천대하는
일본이 미웠다.

김옥균은 중국으로
망명을 하고
서재필과 서광범,
박영효는
미국으로 가기 위해
준비하고 있었다.

우선은 뱃삯부터 마련해야겠어요.

여비가 없었던
일행은 명필인
서광범과 박영효가
한시를 써서
일본 사람들에게
팔아 돈을 마련했다.

1885년 5월 26일,
서광범, 박영효, 서재필은
선교사들이 써준
소개장을 가지고
5개월여 동안 멸시와
천대를 받으며 지냈던
일본땅을 떠났다.

5. 미국 생활

1885년 6월 11일, 서재필 일행은 16일 간의 항해 끝에 미국 샌프란시스코에 도착했다.

조선에서는 양반으로 벼슬에 올라 대접을 받았던 서광범과 박영효는 알아주는 사람이 없어 실망했고,

낯선 이국 땅에서 돈도 없고 말도 통하지 않아서 견디기가 무척 어려웠다.

Can you speak English?

No, No!

어느 날, 서재필은 마켓 스트리트에 있는 한 가구점에 들르게 되었다.

비록 영어는 못하지만 힘은 셉니다. 이 팔을 보세요.

OK! I see. Just a moment.

다리도 정말 튼튼합니다. 뭐든 맡겨만 주세요.

가게 주인은 서재필에게 광고지를 한 뭉치 주면서 동네에 다니며 붙이라고 했다.

서재필은 하루에 2달러씩 받기로 하고 광고지를 들고 이 골목 저 골목 돌아다니며 붙였다.

하루에 10마일씩 뛰면서 일주일 만에 샌프란시스코의 모든 거리를 누비며 광고지를 붙였다.

서재필은 갈라지고
헤어진 발바닥이
너무 쑤시고 아파서
밤에 잠을 이룰 수가
없었다.

그러나 아침이 되면
광고지를 붙이기 위해
이를 악물고
고통을 참고
일어났다.

어느 날, 가구점 주인은 자기가 고용한 세 사람 중에 서재필이 제일이라고 칭찬을 했다.

다른 두 사람은 미국인으로 하루에 5마일밖에 뛰지 않지만 서재필은 하루에 10마일이나 뛴다고 칭찬을 한 것이다.

하지만 영어를 잘 알아듣지 못했던 서재필은 다른 동료들이 왜 화를 내는지 이해하지 못했다.

서재필은 낮에는
생활을 위해 일을 하고
밤에는 공부를 위해
YMCA 야간반에
다니게 되었다.

주머니에는 작은 사전을
넣고 다니면서 틈틈이 매일
영어 단어를 외웠다.

메이슨 스트리트
장로교회의
제임스 로버츠 장로는
서재필이 교회에서
일하며 영어공부와
성경공부를 할 수 있도록
도왔다.

서재필은 성경공부를 하면서 기독교에 관심을 갖게 되고 독실한 기독교인이 되었다.

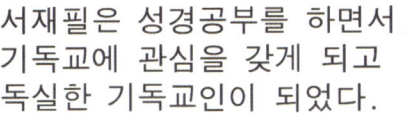

제임스 로버츠 장로는 서재필에게 친절히 대했고 가끔 집으로 초대해 식사를 함께 하였다.

서재필이 샌프란시스코에 온 지 1년이 지난 1886년 봄, 어느 일요일 저녁에 로버츠 장로의 집에서 사업가이며 큰 부자인 홀렌백을 만났다.

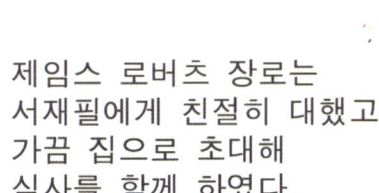

반갑습니다.
신문에서 당신에 대한 기사를 읽었습니다.

서재필은 학교에서 영어, 수학, 역사, 과학, 라틴어, 희랍어를 배웠다.

어느 정도 영어가 익숙해진 서재필은 배우는 속도가 무척 빨라졌다.

그 결과로 1887년 6월에 서재필은 우등생이 되었고 수학과 라틴어, 희랍어 과목은 장려상을 받았다.

힐맨 아카데미에는 연설법이라는 과목이 있어 학생들이 토론과 연설을 배울 수 있었는데

서재필은 1888년 6월 레노니아 클럽의 연설회에서 2등에 뽑혀 10달러라는, 당시로선 큰 돈을 상금으로 받았다.

서재필은 미국에 도착한 지 3년 만에 영어를 완전히 익혀 미국 학생들보다 연설을 더 잘하게 되어 자심감을 갖게 되었고 후원자인 홀렌백에게도 기쁨을 주었다.

서재필은 거리를
다니며 미국 사람들이
길을 닦고
위생시설을 갖춘 것을
보고 깊은 감동을
받았다.

우리 조선도 길을 넓히고 깨끗이 가꿔야해.

길 아무데서나
대, 소변을 보고
쓰레기를 버리는 것도
못하게 하고…

우선은 백성들의
생각부터 바꿔야 하겠지.

어떡하면 좋을까?

링컨 대통령이 게티스버그에서
유명한 연설을 하였는데

서재필은 학교와
거리에서 배우고
특히 사람들을 통해
배우는 것이 많았는데,
그중엔 은퇴한 법관인
스캇 교장의
장인도 있어 그로부터
유익하고도 재미있는
경험담을 많이 들었다.

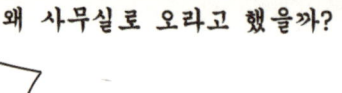

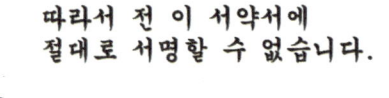

서재필은 믿었던
후원자가 너무나
냉정하게 대한 것에
놀라 더 말을
잇지 못하고
사무실을 나왔다.

앞으로의 일을 걱정하며
아버지처럼 믿었던
홀렌백의 말에
충격을 받고 집에
돌아온 서재필은
소리내 울었다.

필립, 무슨 일이오?
왜 그리 슬피 우는 거요?

아, 스캇 교장 선생님.

서재필은 스캇 교장에게 홀렌백의 사무실에서 있었던 일을 모두 말했다.

그랬습니다.

아, 그런 일이..

홀렌백 씨가 필립에 대해 기대를 많이 했기 때문에 그랬을 거요. 기대가 크면 실망도 크다지 않소.

예, 그렇겠지요. 하지만 너무 냉정하셔서 전 앞날이 캄캄합니다.

참, 지금 아랫층에 워싱턴에서 온 데이비스 교수가 있는데

같이 가서 얘기를 나눠 봅시다.

예, 교장 선생님.

서재필은 데이비스 교수가 써준 두 통의 소개장을 갖고 자기 방으로 돌아왔다.

하나님, 감사합니다.

조금 전까지도 희망이 사라지고 낙심이 되어 슬피 울었건만

이렇게 도와주셔서 정말 감사합니다.

앞으로 더욱 강한 의지로 난관을 헤쳐나갈 수 있도록 힘을 주시옵소서.

아, 내가 백악관에 가다니 꿈만 같애.

다음날, 서재필은 라파예트 대학에 가서 신입생 담당인 에드워드 하트 교수와 상담을 하게 되었다.

아시다시피 홀렌백 씨가 저희 학교 이사님이십니다.

그분이 돕지 않겠다고 했다면 장학금은 받기 어렵습니다.

저, 그렇다면 다른 방법은 없을까요?

우리 집안일을 돕는다면 숙식은 해결되는데

등록금은 본인이 마련해 와야 해요.

예, 알겠습니다.

서재필은 여름 동안 학비를 벌기 위해 펜실베니아 주에서 가장 큰 도시인 필라델피아로 갔다.

"에구, 다리야. 일자리가 이리도 없나…"

몇 날을 돌아다녔지만 마땅한 일자리가 없던 서재필은 막노동을 하게 되었다.

"그래, 이대로 있다간 아무것도 안 되겠어. 라파예트 대학에 대한 미련은 버리고 워싱턴으로 가야지."

하지만 막노동을 하여 번 주급 7달러의 급료로는 간간히 생활만 영위할 뿐 공부는 불가능했다.

1888년 여름에 서재필은 기차를 타고 워싱턴으로 가 스미소니언 박물관의 오티스 관장을 만났다.

음…

성실하고 실력이 좋은 청년이라고 소개했군요.

하지만 미스터 제이슨!

정식 직원으로 채용하기엔 무리가 있겠네요.

예?

저희 박물관의 모든 직원은 정부의 인사위원회에서 임명하는데

그 위원회의 동의 없이 아무나 채용할 수는 없습니다.

서재필은 인사위원회에 가서 시험을 보고 어렵게 합격했으나 빈자리가 없어 계속 박물관에서 일을 했다.

언제쯤 빈자리가 나오려나…

미스터 제이슨, 기쁜 소식이 있어요.

군의감 도서관의 관장인 친구를 만나 물어봤는데

?

동양의학 서적의 목록을 만들고 정리할 사람을 구한답니다.

그게 정말입니까?

군의감 도서관에는 한문과 일어로 된 의학서적이 5천 권쯤 있다는데 먼저 테스트를 받아야 할 겁니다.

예.

저는 어려서부터 한문과 일본어를 익혔기에 문제 없습니다.

우리 도서관에 정식 직원으로 채용 못해 아쉽네요.

그럼, 제 친구 빌링즈를 찾아가 보세요.

테스트는 영어로 된 성경구절을 중국어와 일본어로 번역하는 것이었는데 일찍이 한문과 일본어, 성경까지 배웠던 서재필은 쉽게 통과했다.

좋습니다. 당신을 저희 도서관에 채용합니다.

잘 부탁 드립니다.

한국인 최초로 미국 공무원이 된 서재필은 월 100달러의 봉급을 받으며 군의감 도서관에서 일하게 되었다.

처음에는 동양 서적의 제목과 저자를 영어로 번역하는 일을 했는데

나중에는 중요한 의학서적의 내용을 발췌하는 일을 하게 되었다.

서양 의학도 재미있구나.

100달러의 월급으로 생활은 물론 학비도 충분히 낼 수 있게 된 서재필은 계속 공부를 하기 위해 코코란 대학에 등록하였다.

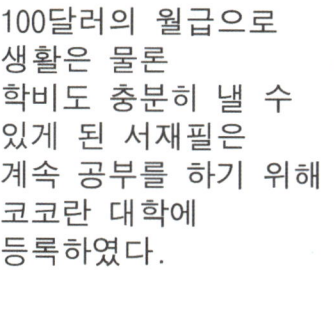

아, 벌써 시간이 이렇게 됐네.

코코란 대학은 콜럼비안 대학교 부설 야간대학으로 수업이 오후 6시부터 10시까지여서 공무원들이 퇴근 후에 다닐 수 있었다.

미스터 제이슨, 학교에 갑니까?

예, 관장님

일하면서 공부하기 힘들 텐데

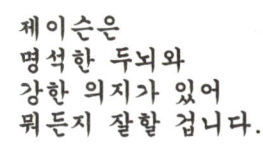
제이슨은 명석한 두뇌와 강한 의지가 있어 뭐든지 잘할 겁니다.

분명 훌륭한 의학자가 될 거예요.

고맙습니다, 관장님.

앞으로 힘껏 도울게요.

그럼 공부 잘 하시고 내일 봅시다.

예, 내일 뵙겠습니다.

서재필은 존경하는 빌링즈 관장의 권유에 따라 1년 후인 1889년 가을 학기부터 콜럼비안 대학 의학부에 입학해서 공부를 하게 되었다.

75

그 후, 군의감 도서관은 육군 의학도서관으로 발전했고 서재필은 낮에는 도서관에서 연구하고 저녁에는 대학에서 의학공부를 하므로 더욱 정진할 수 있었다.

1892년 3월, 28세가 된 서재필은 3년 간의 모든 과정을 마치고 한국인으로 최초의 의학사(MD) 학위를 받았다.

의대를 졸업한 서재필은 워싱턴 시내에 있는 가필드 병원에서 1년 간의 인턴 과정을 거친 후, 1893년 의사 면허를 받았다.

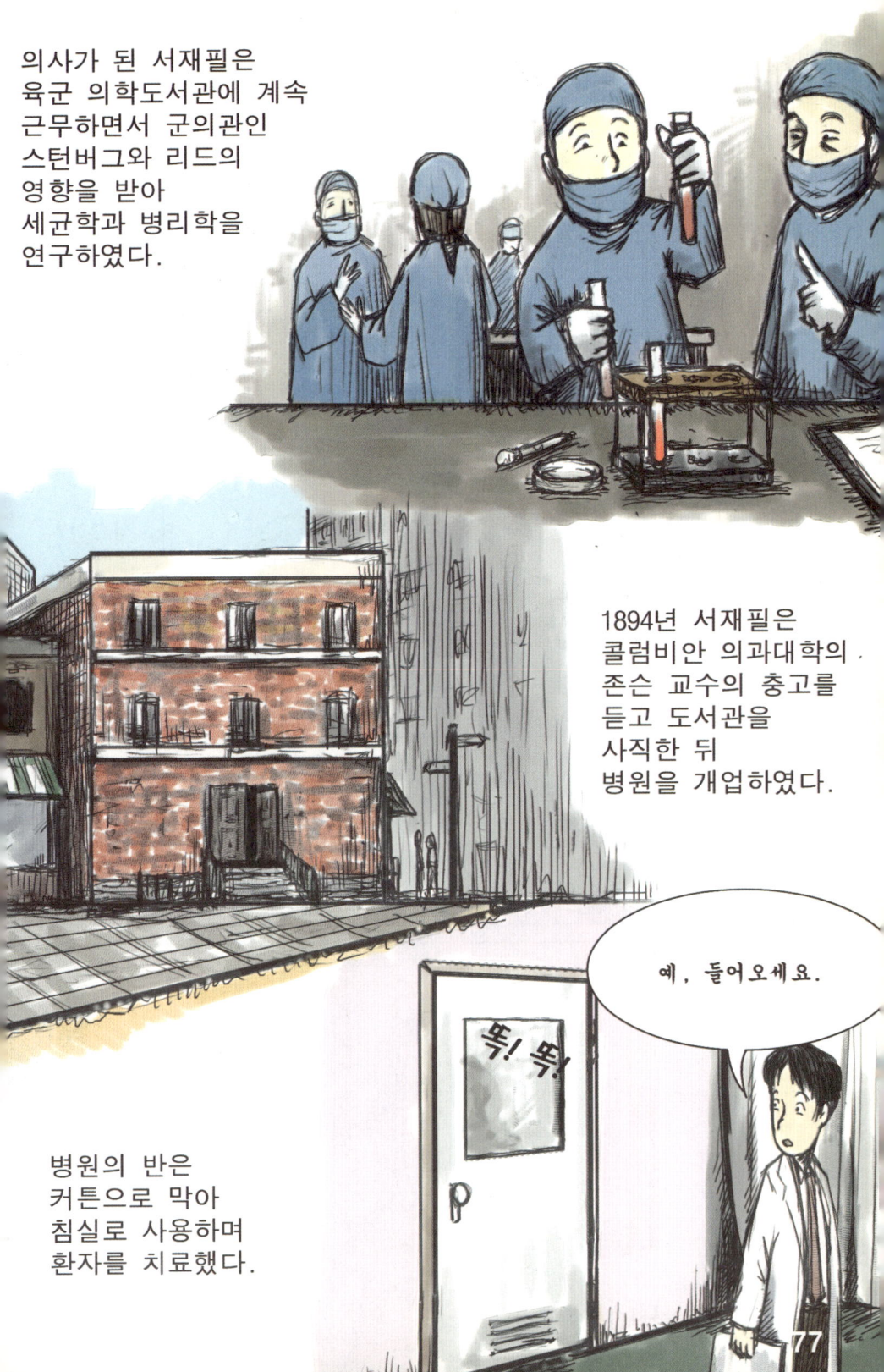

1894년 6월 20일, 30세가 된 서재필은 미국 철도 우체국의 창시자이며 초대 국장이었던 조지 암스트롱의 딸인 23세의 뮤리엘과 결혼하였다.

카바넨트 교회에서 거행된 결혼식에는 장군과 판사, 국회의원과 의사 등, 200여 명의 축하객이 참석했다.

워싱턴 이브닝 스타와 워싱턴 포스트 신문은 결혼식에 대해 상세히 보도했고 특히 워싱턴 포스트의 기자는 서재필이 저명한 의사이며 과학자라고 칭찬했다.

6. 귀국 길

서재필은 박영효를 만나 한 달이 넘도록 대화를 나누면서 고국에 돌아갈 결심을 하게 되었다.

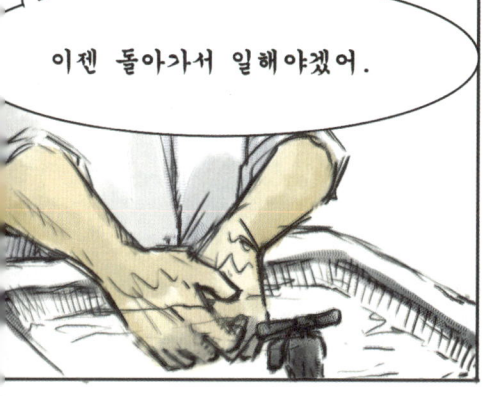

1895년 11월에
서재필은 병원 문을 닫고
11년 만에 고국
조선을 향해
미국땅을 떠났다.

추위 때문에 뜬 눈으로
밤을 세운 서재필은
아침에 서광범에게
사람을 보내
귀국한 것을 알렸다.

자네 연락을 받고 달려왔는데 정말 어려울 때 돌아왔구먼.

형편이 그렇게도 어렵습니까?

나도 법무대신에서 학부대신으로 밀려났는데 더 견디기 어려워서 며칠 후에 주미공사로 떠나기로 했네.

음…

서광범은 서재필을 자기 집으로 데리고 가 암담한 국내 사정에 대해 자세히 이야기했다.

자, 들어가세.

일본 공사가 지난 8월에 민비를 시해해서 온 백성이 일본을 증오하고 있다네.

국모를 죽이다니…

김홍집 내각은 힘을 잃고 일본의 꼭두각시가 됐네.

지난 11월 15일에는 단발령까지 선포했지.

단발령을?

7. 조국을 위해

서재필은 개화파의
8년 선배가 되며
일찍이 일본과
미국의 문화를 체험한
김홍집 내각의
내부대신인
유길준을 찾아가 만났다.

서재필이 서울에 도착한 지 14일째가 되는 1896년 1월 8일에 궁성에서 관병식이 열렸고 서재필은 고종과 외국 사신들을 위해 통역을 하였다.

관병식이 끝난 후,
고종은 서재필을 불러서
말씀하셨다.

오늘 수고했어요.

황공하옵니다.

경이 미국에서 의학을
공부하여 높은 경지에
도달하였다는 말을
들었는데 정말 장하오.

내가 눈병이
난 것 같으니

진찰을 하고
치료해 주기 바라오.

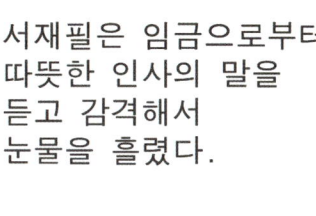

1896년 1월 19일 오후 1시
옛 남별궁터에는 대신들을 비롯하여
수백 명의 관리들이 참석한 가운데
우리 나라 최초의 공개 강연회가 열렸다.

여러분, 내 말을 들으시오.

서재필은
미국에서 쌓은 실력을 발휘하여
조선에서 가장 필요한 것에 대해
연설을 하였다.

나라를 사랑하는 마음으로 태극기를 향해 경례를 하겠습니다.

예, 좋습니다.

그래요.

서재필은 조선 역사상 처음으로 국기에 대한 경례를 실시하므로 참석자들에게 애국심을 심어주는 효과를 거두었다.

송재, 정말 훌륭한 연설이었소.

청중들의 반응도 대단해요.

짝짝짝

감사합니다.

107

김홍집 내각은 신문이란 매체와 서재필 같은 인재가 필요해서 파격적인 지원을 하기로 하였는데

서재필에게는 부인과 지낼 가옥 건축을 위해 1400달러를 지불하고 신문 발행에 필요한 건물과 인쇄기, 출판비로 거금인 3천 원을 지출하게 되었다.

서재필이 신문 발행을 계획하고 있다는 기사가 일본 외무성이 자금을 대고 있는 한성신보에 실렸고

기사를 본 일본 공사 코무라는 크게 화를 냈다.

안 돼!

신문을 만들어서 우리 일본을 비판하기 때문에 그냥 둘 수 없어.

1월 31일,
서재필은 자신을 찾아온
윤치호 협판에게
일본 공사의 협박에 대해
말했다.

코무라는 우리가
신문을 내는 것을 결사적
으로 반대하고 있어요.

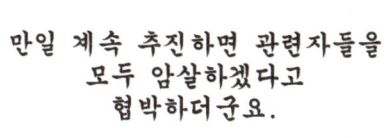

만일 계속 추진하면 관련자들을
모두 암살하겠다고
협박하더군요.

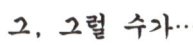

그, 그럴 수가…

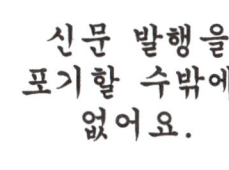

일본 암살자로부터
나를 보호해 줄 사람이
아무도 없는데

신문 발행을
포기할 수밖에
없어요.

불쌍한 백성들을 생각하면 그럴 수도 없고…

아니, 저기 광화문 거리에 웬 사람들이 모여 있지?

웅성 웅성

앗! 저 시체는?

김홍집 총리대신인데 어떻게 된 일이지?

맞아죽었대.

모두 일본 때문이야.

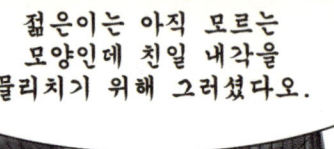

서재필은 3월 13일에 농상공부
(농, 상, 공 및 우체, 전신,
광산, 선박에 관한 사무를 맡은 관청)
의 고문을 겸하게 되었고
4월 7일에 조선 역사상 처음으로
대중을 위한 독립신문을 발행하였다.

독립신문은 많은 백성들이 쉽게 볼 수 있도록
한글로 띄어쓰기를 했다.

아, 우리 농민도
신문을 읽을 수
있어서 좋구나.

뭐라고 써 있데요?

"백성이 나라의
주인이다.
주인으로서의
책임을 가져야 한다."
라고 써 있네.

나라의 주인은
임금님인 줄
알았는데…

서재필은 신문을 통해
지식과 정보를 제공하여
여론을 조성하고
정치개혁을 이룩하기
위해 노력했다.

서재필은 논설을 통해 애국애족과 여성 해방의 필요성,
위생관념, 도로와 철도의 필요성 등
현대화를 위해 개혁할 모든 분야에 대해 강조했다.

모두 맞는 말이야.

남편들은 아내를 종처럼 부린 것을 고치래요.

아, 알았어요.

엥? 대소변을 길에 누지 말라고…

독립신문은 어느 누구의
편도 들지 않고
공정하게 제작되어
각계각층의 호응을
받으며 널리
읽히게 되었다.

서재필이 일요일마다 갖기로 했던 공개 강연회가 아관파천(고종이 러시아 공사관에 가서 지내게 된 사건)으로 중단되었고 1896년 5월 21일부터 매주 목요일 오후 3시에 아펜젤러 선교사가 세운 배재학당에서 강좌가 열렸다.

서재필은 학생들에게 세계지리와 역사 그리고 정치학을 가르쳤다.

인권과 자유, 평등과 민주주의에 대한 강의는 젊은 학생들에게 놀라움과 함께 새로운 세계를 향해 눈을 뜨게 했다.

"인간이란 모두 평등합니다."

"민주주의란 만민의 평등에서 시작됩니다."

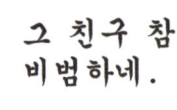

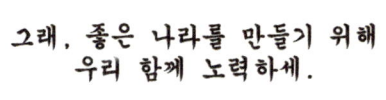
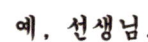

서재필의 가르침을 받은 이승만은 훗날 우리나라의 초대 대통령이 된다.

1896년 11월 30일, 서재필은 학생들이 협성회라는 토론 모임을 만들어서 의회와 같은 토론을 하도록 지도했다.

서재필이 1896년 7월 2일에 조직한 독립협회는 1897년 1월 10일에 서대문 밖 영은문이 있던 자리에 조선의 독립을 상징하는 독립문을 세웠다.

123

독립문 준공식에는
독립협회 회원들과
대신들도 모두
참석했다.

학생들의 모임으로 시작한 협성회의 토론장은
일반인들이 참가함으로써 확대되어 1897년 8월 29일
부터는 독립협회에서 열리게 되었다.

서재필의 뛰어난 지도력과
독립신문과 독립협회의
성장으로 개화의 물결은
더욱 확산되어 민중운동으로
발전되었다.

이젠 스스로
일어날 때
입니다!!

서재필은 독립신문을 통해 사대주의에 사로잡혀 있는 대신들과 부패한 관리들을 비판하여 미움을 받았다.

1898년 3월 10일, 서울 종로에서 독립협회 주최로 만민공동회가 열렸고 1만여 명이 모인 가운데 이승만이 연설을 하였다.

8. 망명 아닌 망명

서재필이 나라의 자주와 독립을 위해 애쓰고 개혁을 통해 부정부패를 척결하며 민주주의를 이루기 위해 힘쓸수록 고종과 수구파와 러시아 공사의 미움은 더욱 커졌다.
어느 날, 미국 공사인 알렌이 서재필을 만나서 미국으로 갈 것을 권유했다.

1895년 12월 25일에 돌아와서 1898년 5월 14일까지
2년 4개월여 동안 독립신문과 독립협회를 만들어
개화운동을 이끌며 민주주의를 가르쳤던 서재필은
실망과 분노를 가슴에 안고 떠나게 되었다.

한국언론의 선구자이며 민주운동의 선각자인 서재필은
한글을 대중화해서 문화사에도 큰 업적을 남겼는데
고종과 수구파가 반대하지 않았더라면
우리나라와 아시아의 역사가 크게 달라졌을 것이다.

독립신문을 일본에 넘기지 않고 윤치호에게 맡겨서 다행인데 나를 미워하는 사람들 때문에 일을 더 하지 못하고 떠나게 돼서 가슴 아파.

34세에 다시 미국으로 온 서재필은 1904년에 힐맨 아카데미 1년 후배인 해롤드 디머와 함께 문구점을 시작했다.

서재필이 필라델피아의 분점을 관리하고 있던 1905년 봄, 두 한국인이 찾아왔다.

서재필 선생님!

오, 이승만!

지난 번에 보내주신 편지는 잘 보았습니다.

많이 걱정했는데 감옥에서 풀려나서 정말 기쁘네.

서재필이 1905년에 미국에서 시작한 독립운동은 1910년에 한일합방이 되고 1919년에 3.1운동이 일어나면서 더욱 힘차게 벌어졌다.

1919년 4월 14일, 필라델피아 시내에 있는 리틀극장에서 한인연합대회가 열렸고 미국 각 지역의 한인 대표들과 유학생 등 150여 명이 참석했다.

서재필은 대회 의장직을 맡았고 열강들에게 일본이 강점한 조선을 독립시켜 줄 것을 만장일치로 결의하였다.

감격과 흥분 속에 대회를 마친 서재필과 이승만과 참석자들은 미국 시민들의 격려와 박수를 받으며 시가행진을 하였다.

일행은 자유의 종 앞에서 조국의 독립을 다짐하고 자유의 종을 쳤다.

그 후, 미국 정부와 국민을 상대로 간행물을 통해 선전활동을 벌이게 되었는데

서재필은 뛰어난 영어 실력과 풍부한 경험으로 항상 앞장서서 크게 활약하였다.

서재필이 처음에는 디머와 함께 문구점을 시작했지만 1914년에는 단독으로 필립 제이슨 상회를 설립하여 문구점과 인쇄소 사업을 계속했고 1919년에는 종업원이 50명이나 되는 큰 사업체가 되었다.

그러나 1919년부터 1922년까지 4년 동안 서재필은 조국의 독립을 위해 물불을 가리지 않고 몸을 던져 일했고

시간과 재산을 모두 바쳐 희생하므로 사업체는 남의 손에 넘어가고 건강까지 나빠지게 되었다.

1926년 9월, 서재필은 62세에 필라델피아 시내에 있는 펜실베니아대학 의학부에 특별 학생으로 등록하였다.

환갑이 지난 나이지만 진취적이며 적극적인 서재필은 2년 동안 세균학과 병리학, 면역학과 비뇨학, 피부학을 공부하였다.

저축한 것도 수입도 없는 서재필은 가정 형편이 무척이나 어려웠다.

여보, 다녀왔어요.

어서오세요.

서재필은 다시 의학도가 되었지만 조국을 잊지 않고 계속 글을 써 잡지를 통해 백성들을 깨우쳤다.

1945년 8월 15일 일본의 항복으로 해방이 되었을 때, 서재필은 81세로 펜실베니아주 미디어에서 작은 병원을 개업하고 있었다.

오, 드디어 해방이 되었구나.

대한독립 만세!

9. 다시 조국으로

해외에서 독립운동을 하던 사람들은 해방된 조국에서 일하기 위해 모두 돌아갔다.

그러나 서재필은 움직이지 않고 미국에 그대로 남아 있었다.

나는 늙었고 할 일을 다 했어.

나라를 사랑하는 젊은이들이 잘 할 거야.

일본으로부터 해방된 조국은 신탁통치 문제로 분열되었고 날이 갈수록 정국은 더욱 혼란하게 되었다.

많은 사람들이 서재필 박사는 어려운 정국을 수습할 수 있을 것으로 믿었고 김규식 박사가 주동이 되어 서재필의 귀국을 추진하였다.

1947년 3월, 서재필 박사는 워싱턴에서 조선 주둔군 사령관인 하지 장군을 만나 이야기 끝에 귀국을 결심하게 되었다.

모두 제이슨을 기다립니다.

나이 많은 나는 지위도 원치 않고 명예도 바라지 않아요.

제이슨이 원하는 것은 무엇입니까?

나의 유일한 관심은 국민교육입니다.

1947년 7월 1일 오후 4시,
서재필 박사는 49년 만에 미군정청 최고고문 겸 과도정부 특별의정관 자격으로 인천항에 도착했고
각계 대표와 국내외 기자단과 친척들과 수많은 군중들이 환영을 나왔다.
군중들의 박수와 만세 소리는 부두가 떠나갈 정도로 컸다.

인천에서 서울로 가는 길에도
많은 사람들이 나와
서 박사의 귀국을 뜨겁게 환영했다.

7월 12일 오후 1시에는 환영준비위원회 주최로 서울운동장에서
환영대회가 크게 열렸고 각 사회단체, 회사, 공장, 관공서, 학생,
동회 단위로 모인 군중들은 조국의 개혁과 독립을 위해 평생을 바친
송재 서재필 박사의 공적을 찬양하며 진정으로 감사했다.

그리고 오후 4시에는
창덕궁 비원에서
환영 다과회가 열렸다.

서 박사님, 인기가 대단합니다.

아, 이승만 박사.

이승만은 서재필로 인해 자신의 세력이 줄어들까 걱정을 하여 서 박사의 귀국을 달갑지 않게 생각했다.

어느 날, 친척들이 조선호텔에 묵고 있는 서재필을 찾아왔다.

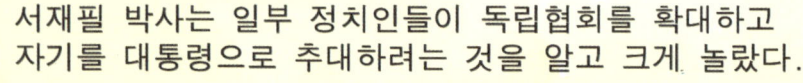

서재필 박사는 거절하였지만 추대운동이 계속되어 입장이 곤란하게 되었다.

"정부가 수립되어 미군정도 끝났고"

1948년
5월 10일엔 남한에서,
8월 25일엔 북한에서
선거가 실시되어
조선은 남북으로
갈리고 말았다.

"박사님, 여생을 조국에서 보내시지 않겠습니까?"

"내 의정관 자격도 끝났으니 미국으로 가려는 거요."

"여러분들이 나를 추대해서 더 있을 수 없게 만들었는데 새 정부가 마음껏 일하도록 떠나는 것이 좋아요."

"정말 섭섭합니다."

1948년 9월 11일 아침,
서재필 박사는 둘째 딸 뮤리엘과 비서인 임창영 박사와 함께
숙소였던 조선호텔 문을 나섰다.
호텔 앞에는 서 박사를 송별하기 위해 많은 사람들이 모였고
모두 슬픔에 젖어 말을 못하고 눈물만 흘렸다.

인천항에도 수백 명의 환송객이 나와 다시는
보기 어려운 84세의 위대한 애국자를 눈물로 보냈다.

김규식 박사가
슬픔에 잠긴 사람들
앞에 나서서
소리쳤다.

여러분,
지금은 울 때가
아닙니다!

서재필 박사님은
우리 마음속에 항상
계십니다.
서재필 박사님의 뜻과
업적을 기리며
기쁜 얼굴로
보내드립시다!

서재필 박사 만세!
만세!
만세!
만세!!
만세!!!
서재필 박사
만세!!

미국에 돌아온 서재필은 미디어의 병원 문을 다시 열고 의사로서 진료를 계속했다.

그러다 1950년 6월 25일에 일어난 한국전쟁에 대해 들은 서재필은 큰 충격을 받았고 건강이 나빠져 병석에 눕게 되었다.

뮤리엘, 한국에서 온 소식은 뭐지?

편지가 왔는데 읽어 드릴게요.

1951년 1월 5일, 서재필 박사는 향년 86세로 필라델피아 근교에 있는 몽고메리 병원에서 조국을 염려하며 조용히 숨을 거두었다.

아버지!

조국의 개혁과
자유와 독립을 위해
자신과 가족과
시간과 재산을
모두 바쳐가며
희생한 서재필은
위대한 애국자였고
혁명가이자
선각자였다.

서재필 박사의 업적은 청사에 길이 빛나고
우리 민족의 가슴속에 영원히 살아서 기억되어야 하지만
그는 지금 아무도 찾지 않는 국립묘지 한 구석에
외롭게 잠들어 있고 그의 기념공원은 관리자도 없이
방치되어 있다.

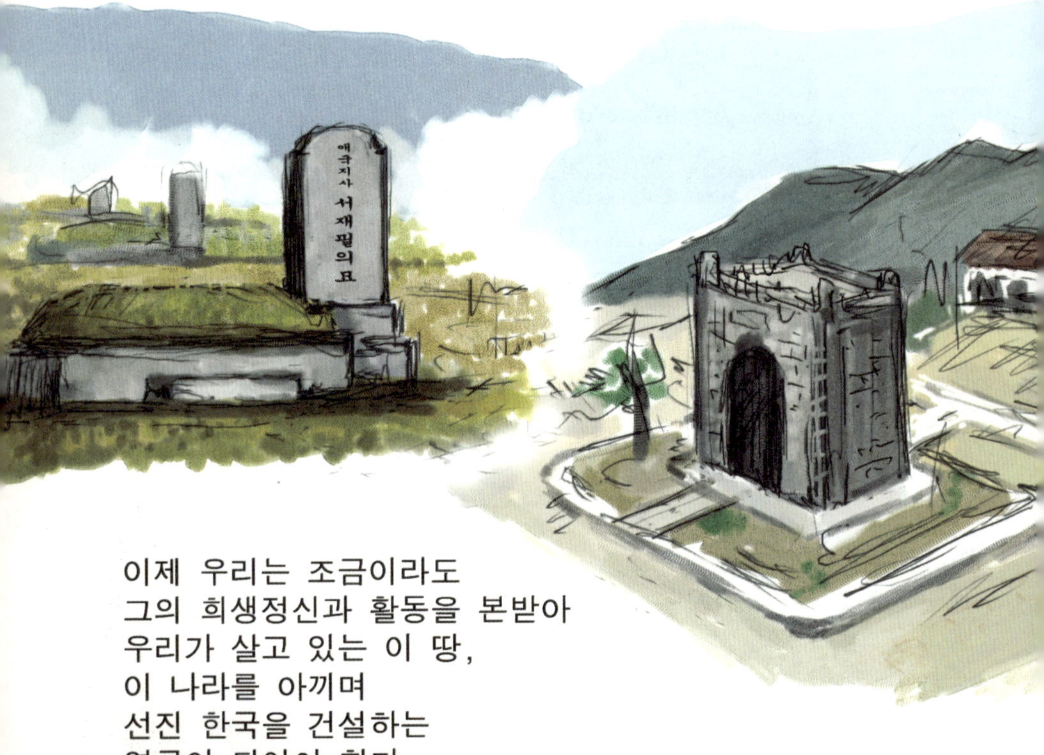

이제 우리는 조금이라도
그의 희생정신과 활동을 본받아
우리가 살고 있는 이 땅,
이 나라를 아끼며
선진 한국을 건설하는
역군이 되어야 한다.

대한독립의 아버지
서재필

초판발행	2005년 9월 9일
초판3쇄	2008년 8월 12일
글/그림	권오성
감수	서동성
발행인	박경진
펴낸곳	도서출판 진흥
출판등록	1992년 5월 2일 제 5-311호
주소	(130-812)서울특별시 동대문구 신설동 104-8
전화	영업부 2230-5114, 편집부 2230-5155
팩스	영업부 2230-5115, 편집부 2230-5156
전자우편	publ@jh1004.com
홈페이지	www.jh1004.com

ISBN 978-89-8114-267-X
값 6,000원